CHEMIN DE FER DE BORDEAUX A CETTE.

(CINQUIÈME SECTION.)

TRACÉ DE VILLEDAIGNE A NARBONNE
PAR MONTREDON.

MÉMOIRE

ADRESSÉ

A M. LE MINISTRE DES TRAVAUX PUBLICS,

EN RÉPONSE

AU MÉMOIRE DE M. CARVALLO,

INGÉNIEUR EN CHEF,

PAR M. HIPPOLYTE FAURE,

DÉLÉGUÉ DU CONSEIL MUNICIPAL DE NARBONNE.

PARIS,

TYPOGRAPHIE DE FIRMIN DIDOT FRÈRES,

RUE JACOB, 56.

1853.

MÉMOIRE

ADRESSÉ

A M. LE MINISTRE DES TRAVAUX PUBLICS

SUR LE TRACÉ

DE VILLEDAIGNE A NARBONNE

PAR MONTREDON.

CHEMIN DE FER DE BORDEAUX A CETTE.
(CINQUIÈME SECTION.)

TRACÉ DE VILLEDAIGNE A NARBONNE PAR MONTREDON.

MÉMOIRE

ADRESSÉ

A M. LE MINISTRE DES TRAVAUX PUBLICS,

EN RÉPONSE

AU MÉMOIRE DE M. CARVALLO,

INGÉNIEUR EN CHEF,

PAR M. HIPPOLYTE FAURE,

DÉLÉGUÉ DU CONSEIL MUNICIPAL DE NARBONNE.

PARIS,
TYPOGRAPHIE DE FIRMIN DIDOT FRÈRES,
RUE JACOB, 56.

1853.

MEMOIRE

ADRESSÉ

A M. LE MINISTRE DES TRAVAUX PUBLICS (1).

Monsieur le Ministre,

M. Carvallo, ingénieur en chef de la cinquième section du chemin de fer de Bordeaux à Cette, a distribué au Conseil des ponts et chaussées un mémoire tendant à obtenir l'adoption d'un tracé qui, en laissant Narbonne à 6 kilomètres de la ligne principale, viole la loi d'une manière manifeste. Ce tracé est inadmissible ; je vous le signale, monsieur le Ministre, parfaitement rassuré d'ailleurs sur la décision que vous inspirera votre justice, car vous avez dit aux délégués de Narbonne :

« Le Gouvernement appliquera la loi. »

La loi porte que le chemin de fer doit se diriger de Toulouse sur Castelnaudary, Carcas-

(1) Le manuscrit de ce mémoire a été remis à M. le ministre des travaux publics.

sonne et Narbonne; la loi porte encore que le chemin de Narbonne à Perpignan doit s'embrancher à Narbonne sur le chemin de fer de Bordeaux à Cette. Les textes si formels, sur lesquels j'ai déjà appelé votre attention dans un mémoire publié le 30 avril dernier, sont violés par le tracé de M. Carvallo, qui délaisse Narbonne et la déshérite.

Ce n'est pas moi seul, monsieur le Ministre, qui proclame l'illégalité de ce tracé ; à l'appui de mon opinion, je puis invoquer l'autorité imposante d'une Commission illustre, composée des hommes éminents dont les noms suivent :

MM. le général marquis D'HAUTPOUL, *président;*
le marquis de LA GRANGE, *rapporteur;*
le baron de LACROSSE ;
le général vicomte de LA HITTE ;
le comte de CAUMONT LAFORCE.

Écoutez l'honorable rapporteur de cette Commission, dans la séance du 23 mai 1853 :

« Deux débouchés internationaux vont s'ou-
« vrir simultanément au pied des Pyrénées,
« l'un à l'occident, de Bordeaux à Bayonne,
« et l'autre à l'orient, de Narbonne à Perpignan ;
« ces points sont formellement désignés ; ce-

« pendant, en apprenant que la Compagnie con-
« cessionnaire faisait étudier un tracé qui lais-
« serait la ville de Narbonne à 6 kilomètres, des
« inquiétudes se sont manifestées dans cette
« contrée. *Nous ne saurions croire qu'elles*
« *pussent être fondées;* le troisième § de l'ar-
« ticle 3 du cahier des charges annexé à la loi
« du 8 juillet 1852 est ainsi conçu :

« *De Toulouse, le chemin de fer se dirigera*
« *sur Castelnaudary, Carcassonne et* NARBONNE,
« *ira passer à ou près Béziers....* » etc.

« Le quatrième § de l'article 2 du cahier des
« charges annexé à la présente loi n'est pas
« moins explicite; en voici le texte :

« *Le chemin de Narbonne à Perpignan s'em-*
« *branchera à Narbonne sur le chemin de Bor-*
« *deaux à Cette...* » etc.

« On dit, à la vérité, qu'un tronçon isolé
« serait détaché sur Narbonne; mais *il n'en*
« *ferait qu'une station d'embranchement, et se-*
« *rait loin de satisfaire aux intérêts légitimes*
« *et incontestables qui ont fait désigner deux*
« *fois cette ville par le législateur*, D'ABORD
« POUR ÊTRE UNE GRANDE STATION COMMERCIALE,
« ENSUITE POUR DEVENIR, SUR LA LIGNE DE BOR-
« DEAUX A CETTE, LE POINT D'INTERSECTION ET

« LA TÊTE DU CHEMIN DE FER DE NARBONNE A PER-
« PIGNAN (1). »

Tels sont les termes du rapport, dont les conclusions, ainsi que le *Moniteur* le constate, furent adoptées par le Sénat à l'unanimité.

Que résulte-t-il du texte même de ce rapport? Une conséquence très-simple et très-claire : c'est que le tracé délaissant Narbonne est si étrange, si inconcevable, si illégal, qu'une Commission du Sénat déclare n'y pas croire. La loi à la main, la Commission proclame qu'un tel projet est impossible.

Eh bien ! ce projet impossible, incroyable, illégal, ce projet délaissant Narbonne à 6 kilomètres, c'est celui même que présente M. Carvallo.

Vous le signaler, monsieur le Ministre, c'est le rendre inadmissible ; le signaler au Conseil des ponts et chaussées, c'est préparer à l'auteur du projet un échec certain ; car, avec la loi, le Conseil des ponts et chaussées a encore à défendre sa propre opinion.

(1) *Rapport fait au nom de la Commission chargée d'examiner le projet de loi relatif aux chemins de Bordeaux à Bayonne, et de Narbonne à Perpignan, par M. le marquis de* LA GRANGE, pages 4 et 5.

Le tracé proposé par M. Carvallo n'est pas nouveau. Étudié, il y a déjà longtemps, par les ingénieurs de l'État, examiné et jugé ensuite par l'administration centrale, il n'a jamais été pris au sérieux, ni par les ingénieurs, ni par le Conseil des ponts et chaussées. Ouvrez les documents relatifs au chemin de fer de Bordeaux à Cette, vous ne verrez jamais figurer le tracé délaissant Narbonne qu'à l'état d'une variante formellement repoussée. Dans toutes les pièces, dans tous les actes publics, Narbonne est désignée comme point de passage obligé pour la ligne de Bordeaux à Cette, et comme point de départ certain pour l'embranchement de Pergignan.

Dès 1843, le Conseil des ponts et chaussées manifeste hautement ses préférences pour le tracé naturel de Villedaigne à Narbonne par Montredon; il repousse explicitement le tracé qui délaisse cette ville importante (*Situation des travaux au* 31 *décembre* 1843, pages 598 et 599).

En 1844, la même opinion est formulée dans les mêmes termes (*Situation des travaux au* 31 *décembre* 1844, page 519).

En 1845 et 1846, c'est à la fois le Conseil général des ponts et chaussées et le ministre des travaux publics qui donnent leur avis. L'opinion du Conseil des ponts et chaussées est consignée dans une pièce importante que j'ai mise plusieurs fois sous vos yeux, et dont le texte net, clair, explicite vous a frappé. Je la reproduis comme annexe à la fin du mémoire.

L'opinion du ministre est consignée dans le projet de loi. Le ministre décrit d'abord le tracé en ces termes :

« Au delà de Carcassonne, le tracé suit la rive « droite de l'Aude jusqu'à Saint-Couat, s'en « éloigne en ce point pour aller passer à Font- « couverte, à droite de Lézignan, à gauche de « Villedaigne; puis se porte *sur Narbonne* EN « PASSANT PAR MONTREDON. » (*Projet de loi*, page 6.)

Dès cette époque, ainsi que le constate ce document, le tracé de Villedaigne à Narbonne par Montredon était donc un point arrêté : le rapport du ministre, basé sur les pièces mêmes que j'ai indiquées, en est une preuve irrécusable.

Dans le même document, après avoir fait connaître l'opinion favorable de la commission d'enquête et l'adhésion formelle du préfet de l'Aude, le ministre constate de nouveau son opinion et celle du Conseil des ponts et chaussées :

« Le conseil général des ponts et chaussées, « dit le ministre, après un examen approfondi « de tous les détails des projets rédigés par « MM. les ingénieurs, a proposé de les ap- « prouver.

« Nous avons, à notre tour, donné à cette « importante question l'attention la plus sé- « rieuse, et nous n'avons pu, en ce qui con- « cerne le tracé du chemin de fer, que nous « ranger *sur tous les points* à l'avis du Conseil « des ponts et chaussées. » (*Projet de loi*, pages 24 et 25.)

Les avantages du tracé de Montredon et de Narbonne, en opposition au tracé qui délaisse cette ville importante, ressortent du rapprochement de toutes ces pièces.

Ainsi, l'ingénieur ordinaire, l'ingénieur en chef, la commission d'enquête, le préfet, la population tout entière de l'Aude, le conseil général des ponts et chaussées, le ministre, — tout le monde à cette époque se prononce pour le tracé de Montredon : voilà des faits et des actes que nul sophisme ne pourra détruire.

Comment croire qu'il n'en sera pas de même cette année? L'administration appuie et seconde un intérêt public constaté ; l'opinion locale, plus vive, plus intense que jamais dans l'arrondissement de Narbonne, s'est étendue au département tout entier : les vœux de trois conseils d'arrondissement et celui du conseil général, que j'ai déjà eu l'honneur de vous faire connaître, témoignent de ce sentiment public. Quant aux ingénieurs locaux et à ceux de la direction centrale, comment croire qu'au moment de se prononcer ils ne seront pas unis et fermes comme l'administration, comme les conseils publics, comme le pays tout entier? Comment croire que l'ingénieur ordinaire, placé à Narbonne au milieu du mouvement le plus spontané, le plus sincère et le plus vivace qui ait jamais fait explosion dans une cité, ira réagir contre ce sentiment pour le comprimer et pour renier l'œuvre loyale de ses devanciers? Comment croire que l'ingénieur en chef, né dans le département, attaché au pays par mille liens d'affection, n'élèvera pas son patriotisme au niveau de son talent, et ira abaisser le drapeau de la science, le drapeau de l'État, devant l'intérêt vulgaire d'une Compagnie? Comment croire que le Conseil des ponts et chaussées, si ferme dans ses vues, si inébranlable dans ses projets, réglera ses opinions et ses actes sur les caprices d'un intérêt privé ? Ce n'est pas vous, monsieur le Ministre, qui ajouteriez foi à de pareils faits : vous connaissez trop le zèle, les grandes lumières des ingénieurs qui représentent votre administration dans le département, et vous savez d'ailleurs que le Conseil des ponts et chaussées, fidèle à ses convictions et à ses vues, a pris récemment une décision catégorique, d'où résulte le rejet infaillible et prochain du projet proposé par l'auteur du Mémoire que je combats.

Il y a deux mois environ, au mois de juillet 1853, la Compagnie du chemin de fer de Bordeaux à Cette vous ayant adressé un projet de tracé définitif pour la partie du chemin comprise entre Fontcouverte et Marcorignan, le Conseil général des ponts et chaussées a eu à émettre son avis. Qu'a-t-il décidé ? Il a adopté la partie du chemin allant de Fontcouverte à Villedaigne, et a rejeté de la manière la plus formelle le tracé de Villedaigne à Marcorignan, jusqu'à ce que la Compagnie ait fait connaître, par des plans complets, la direction qu'elle doit suivre pour aller à Narbonne. Vous constatez vous-même cette décision dans une lettre datée du 18 juillet dernier, et destinée à passer sous les yeux de l'administration du contrôle.

Avec l'intelligence et la sagacité qui le caractérisent, le Conseil des ponts et chaussées a très-sensément suspecté la Compagnie de vouloir éviter Narbonne, et il a rejeté ses plans depuis Villedaigne jusqu'à Marcorignan : il les a rejetés, bien qu'en s'arrêtant aux abords de cette dernière commune, la Compagnie se trouvât en quelque sorte sur le terrain de l'une des variantes de M. Blondat, celle de Fresquet. Il les a rejetés pour se maintenir sur la base ferme et vraie de ses convictions, pour satisfaire aux intérêts les plus sérieux de l'Aude, et pour rester fidèle à des traditions qu'un conseil placé si haut dans l'estime publique se doit à lui-même de conserver

La décision du Conseil des ponts et chaussées est donc le rejet anticipé et inévitable de tout projet de tracé délaissant Narbonne. Après de tels actes, l'administration centrale pourrait-elle revenir sur ses premières décisions et trouver bon ce qu'elle a trouvé mauvais? Pourrait-elle trouver juste ce qu'elle a trouvé illégal? Il suffit de poser la question. Le Conseil des ponts et chaussées tient à ses opinions et sait les défendre : je suis donc convaincu que les droits de Narbonne seront respectés.

Je suis non-seulement convaincu que les droits de Narbonne seront respectés, mais encore j'ai la certitude que le Mémoire de M. Carvallo ne produira sur votre esprit aucune impression. Quant à l'accueil des Ponts et chaussées, je suis tranquille : ce conseil éclairé ne peut accueillir le Mémoire qu'avec une défaveur marquée. Peut-on bien recevoir quelqu'un qui vient vous dire : « Ce que vous avez soutenu en 1843, en 1844, en 1845 et en juillet 1853 *ne nous paraît acceptable sous aucun rapport.* Ce que vous avez repoussé, ce que vous avez trouvé mauvais aux mêmes époques est excellent : nous venons le défendre contre vous, et prouver que ce projet a sur le vôtre *une grande supériorité.* » Je vous laisse à juger, monsieur le Ministre, si l'on reçoit bien les personnes qui vous font de pareils compliments?

Le Conseil des ponts et chaussées repoussera donc les conclusions du Mémoire de M. Carvallo. Il les repoussera avec d'autant plus de justice que les raisons mises en avant par l'auteur ne sont nullement fondées. Quel que soit le soin habile de M. Carvallo pour soutenir son projet, il ne peut lutter avec succès contre la vérité : c'est ce qui vous apparaîtra, je l'espère, monsieur le Ministre, en jetant un coup d'œil sur les faits que j'ai l'honneur de vous exposer.

Quels sont les motifs qui, d'après l'auteur du Mémoire, rendent le tracé de Montredon inadmissible?

La discussion de M. Carvallo à ce sujet roule sur trois points principaux : 1° l'évaluation des terrains ; 2° l'obstacle créé par la pente de cinq millimètres par mètre entre Villedaigne et Narbonne ; 3° le transit. — En passant successivement en revue ces trois points, j'espère avoir peu de peine à démontrer que l'auteur du Mémoire est dans une complète erreur.

J'insiste peu sur l'évaluation des terrains, parce qu'une Commission très-éclairée, très-compétente du conseil municipal de Narbonne (1) s'occupe activement de cette question. Toute-

(1) Noms des membres qui composent la Commission : M. Esquer, notaire ; M. Favatier, notaire ; M. Pessieto, avocat. — Après une étude approfondie des plans cadastraux et de tous les terrains, sur la ligne de Villedaigne à Narbonne par

fois, je ne puis m'empêcher de faire remarquer le singulier modèle de discussion qui se produit sous la plume de M. Carvallo. S'il s'agit de considérer le terrain de Montredon au point de vue du tracé, au point de vue du profil longitudinal, c'est *une gibbosité* (page 4) ; ce sont *des rampes, des pentes et des contre-pentes* (même page); c'est *un torrent qui produit des dégâts considérables* (page 6) ; c'est *un massif dénudé* (même page). Qu'est-ce encore? c'est *la soudure de ces deux immenses soulèvements dont le relief a déterminé celui de l'Europe, les Alpes et les Pyrénées* (page 9). Il n'est pas d'aspect défavorable sous lequel l'auteur ne tienne à montrer le sol de Montredon. Voulant faire rejeter le tracé qui traverse ce terrain, M. Carvallo multiplie à dessein les obstacles, et pousse la permission en ce genre jusqu'aux dernières limites. Mais s'agit-il de considérer le même terrain au point de vue du prix, c'est autre chose : il n'y a plus ni gibbosité, ni massif dénudé, ni soudure de deux soulèvements. Voulant exagérer le prix du terrain, pour effrayer une compagnie très-cha-

Montredon, la Commission a nommé pour rapporteur M. Pessieto, un des meilleurs avocats du Midi.

touilleuse sur cet article, l'auteur transforme tout dans son imagination riante. Je copie textuellement :

« Sur la ligne de Montredon, tout change « d'aspect ; depuis l'origine jusqu'à Narbonne, « la voie est assise dans les vignes les mieux en- « tretenues, dans les champs les mieux cultivés, « dans les oliveries des communes de Montre- « don et de Narbonne. »

Voilà le tableau ! En le lisant je ne regrette qu'une chose, c'est de n'y pas voir figurer le modeste ruisseau de Veyret, ce fameux *torrent* de la page 6, *qui produit des dégâts considérables* dans l'autre passage du mémoire, et qui, s'il eût été cité dans celui-ci, roulerait certainement des eaux limpides dans des prairies émaillées de fleurs.

De ce paysage embelli à une évaluation exagérée du terrain il n'y a pas loin ; c'est l'affaire de quelques lignes pour l'auteur. Il me suffit, monsieur le Ministre, de vous signaler ce genre de discussion pour que les arguments de l'ingénieur en chef tombent d'eux-mêmes.

L'administration a mille moyens sûrs d'information. Elle peut prendre avec facilité les renseignements qu'elle jugera utiles. Je ne crains pas d'affirmer que les faits suivants seront constatés :

Il y a à peine quelques oliviers, très-isolés, sur le col de Montredon; il n'y a pas d'olivète, proprement dite. Le terrain y est d'une valeur nulle; il serait offert partout à la Compagnie à des prix extrêmement bas; des propriétaires proposent de le donner pour rien : voilà ce qui est public sur toute la ligne, voilà ce qui serait constaté par une enquête, et ce que je suis forcé d'opposer aux exagérations étranges de l'auteur du Mémoire.

Les arguments mis en avant pour l'évaluation des terrains sont donc mauvais.

Les arguments employés pour les pentes sont-ils plus solides? vous allez en juger, monsieur le Ministre.

Le grand obstacle à l'exécution du tracé de Montredon, d'après l'auteur du Mémoire, c'est une pente de cinq millimètres par mètre.

Cette assertion a lieu de m'étonner. Le chemin de Versailles, rive droite, renferme une longue pente de cinq millimètres par mètre, qui commence à la station d'Asnières; je n'ai jamais vu prendre pour la franchir une locomotive supplémentaire. Très-récemment, le jour des grandes eaux de Versailles, j'ai parcouru cette ligne ; le convoi très-considérable dont je faisais partie n'était entraîné que par une locomotive. Sur la ligne de Paris à Orléans, il y a, près de la station d'Étampes, une pente de huit millimètres par mètre, qui n'empêche pas, je pense, la circulation sur ce chemin de fer, le plus fréquenté de France.

Je pourrais citer d'autres faits résultant d'observations personnelles ; je préfère emprunter quelques exemples à des hommes qui ont fait de l'étude pratique des chemins de fer l'occupation principale de leur vie, à des hommes parfaitement connus de M. Carvallo et dont les assertions ne puissent être contestées par lui.

Je cite d'abord M. Le Masson. Cet honorable inspecteur général des ponts et chaussées a concouru, il y a quelques années, à l'élaboration d'un rapport remarquable sur le tracé du chemin de fer de Paris à Châlons-sur-Saône. Examinant le tracé proposé par l'ingénieur Courtois, M. Le Masson et ses éminents collègues, MM. Daullé, lieutenant-général, Fèvre, inspecteur général des ponts et chaussées, et comte Daru, s'expriment ainsi :

« M. Courtois a reconnu qu'avec un souter-

« rain de quatre mille huit cents mètres et une « pente de douze millimètres et demi, on pour- « rait franchir à ce point le faîte.

« UNE INCLINAISON DE DOUZE MILLIMÈTRES ET « DEMI N'EST PAS DE NATURE A EFFRAYER. *Elle « existe déjà sur le chemin de fer d'Alais, sur « cinq mille mètres de longueur. Il y a bien, sur « le chemin de fer de Glocester, en Angleterre,* « UNE PENTE DE VINGT MILLIMÈTRES QUE LES MA- « CHINES LOCOMOTIVES GRAVISSENT SANS L'EMPLOI « D'AUCUN REMORQUEUR A POINT FIXE ET D'UN TRA- « JET CONTINU.

« LA DIFFICULTÉ N'EST PAS LA. » (Page 141.)

Dans un autre passage de ce rapport, dans un passage non moins remarquable que le premier, mais trop étendu et trop technique pour être cité en entier, les mêmes auteurs examinent, sur le même sujet, le plan d'un ingénieur qui, parti du principe que l'on ne devait pas présenter aux locomotives une pente de plus de dix millimètres à gravir, combine son profil d'après cette donnée. Après avoir proposé un souterrain de cinq mille cinq cents mètres de longueur, l'ingénieur propose de monter au faîte par une rampe de six millimètres, et d'en descendre par une pente de dix. Que blâment, dans ce tracé, les auteurs déjà cités? sont-ce les pentes? Non; c'est le souterrain, dont le prix les effraye. Si les inclinaisons étaient plus fortes et que le souterrain fût évité, l'approbation la plus complète serait donnée à ce plan comme à celui du précédent ingénieur; c'est ce qui résulte clairement de ce passage :

« Partout où de pareilles circonstances de « terrain se sont présentées, les problèmes des « tracés ont été résolus d'une manière simple et « peu coûteuse, par l'adoption au moins pro- « visoire de plans inclinés. *Ainsi, nous citerons,* « *entre autres, un railway très-fréquenté, celui* « *d'Édimbourg à Glasgow, qui descend dans* « *cette dernière ville par un plan incliné de* « *mille neuf cents mètres de longueur, et dont* « *la pente moyenne est de vingt-quatre milli-* « *mètres; le plan incliné de Liége, qui, sur dix-* « *huit cents mètres de longueur, a une inclinai-* « *son moyenne de trente millimètres ; ceux de* « *Hutton, de Darlington et de tant d'autres* « *railways*, etc., etc., » (Page 142.)

On l'avouera, M. Le Masson et ses éminents collègues, qui s'effrayent si peu des pentes de 12, de 20 millimètres, et qui préfèrent aux souterrains les plans inclinés de 30 millimètres, ne pourront trouver un grand obstacle dans la pente de 5 millimètres du tracé de Montredon. Ils souriront avec dédain en voyant le trouble d'un ingénieur et l'effroi d'une compagnie devant ce travail d'enfant. Ils s'en effrayeront d'autant moins que les pentes de 5 millimètres proposées par M. Carvallo et par M. Blondat, pour le tracé de Montredon, sont beaucoup moins longues que celle de l'ingénieur Courtois pour le tracé de Paris à Châlons-sur-Saône. La pente de 5 millimètres proposée par M. Blondat avait une longueur de 3,200 mètres; celle de M. Carvallo a une longueur de 3,561^{m},66, tandis que celle de 12 millimètres et demi, citée avec éloges par M. Le Masson et ses collègues, atteint la longueur de 5,000 mètres. La pente de Montredon n'a donc rien d'étrange, soit sous le rapport de l'inclinaison, soit sous le rapport de la longueur : cela résulte à la fois des prescriptions de la science et de l'empire irrécusable des faits.

Après avoir cité des inspecteurs généraux, membres du Conseil des ponts et chaussées, je vais citer l'un des conseillers les plus capables de la compagnie de Bordeaux à Cette, M. Le Chatelier. L'autorité de cet ingénieur en chef ne sera pas contestée par M. Carvallo, car il sait bien que les directeurs de la Compagnie consultent M. Le Chatelier dans toutes les questions difficiles relatives aux travaux et au tracé.

Chargé, il y a peu d'années, par M. le sous-secrétaire d'État des travaux publics, d'explorer, au point de vue technique, les chemins de fer de l'Allemagne, M. Le Chatelier parcourut le grand duché de Bade, la Bavière, l'Autriche, la Prusse, etc. Au retour de son voyage, il consigna ses observations dans un travail remarquable. Voyons, d'après ce travail, ce que M. Le Chatelier pense des pentes :

« La nécessité d'introduire des pentes d'une « inclinaison considérable, dans le tracé d'un « chemin de fer, n'est pas un obstacle insur- « montable à sa construction... Les faits re- « cueillis par les ingénieurs allemands, en An- « gleterre et aux États-Unis, avaient suffi pour « les rassurer à cet égard; mais toute incerti- « tude a cessé pour eux depuis qu'ils ont sous « les yeux l'exemple journalier du chemin de « Brunswick à Harzburg...

« Ce chemin part de Brunswick et se déve- « loppe, pendant une grande partie de son par- « cours, dans la plaine qui s'étend depuis le

« pied des montagnes du Harz jusqu'au littoral « de la mer du Nord et de la mer Baltique; *son* « *profil ne présente des inclinaisons supérieures* « *à 5 millimètres par mètre* QU'AUX ABORDS DE « LA STATION. »

Deux choses sont dignes de remarque dans ce passage. La première, c'est qu'aux yeux de M. Le Chatelier toute pente de 5 millimètres et au-dessous ne mérite pas même d'être considérée. Au-dessus de 5 millimètres seulement, les inclinaisons comptent. La seconde chose à remarquer, c'est que des pentes de 5 millimètres se trouvent, dans le profil de Wienenburg, *aux abords de la station!* Ceci répond directement au passage où M. Carvallo signale comme un grand obstacle une pente près de la station de Villedaigne et une autre pente près de la station de Narbonne.

Mais des pentes supérieures à 5 millimètres et placées aux abords de la station de Wienenburg ne sont rien, si on les compare à ce qui va suivre :

« A partir de cette station, continue M. Le « Chatelier, le chemin gravit les premières « pentes de la montagne en se tenant moyen- « nement au niveau du sol; *son inclinaison*

« *croît successivement jusqu'à 21 millimètres, 7,*
« limite qu'elle atteint à la station de Harzburg,
« placée à l'entrée d'une gorge profonde, à
« 8 kilomètres environ du sommet du Brocken.
« Le tableau ci-joint donne la longueur et l'in-
« clinaison des rampes qui se succèdent depuis
« Wienenburg jusqu'à la station de Harzburg :

« LONGUEURS.		INCLINAISONS.	
Mètres.		Millimètres.	
141,5	—	0,2 par mètre.	— Station (Wienenburg).
1234,8	—	9,7	moyenne des inclinaisons, 12 mill., 78.
2073,6	—	10,0	
1141,2	—	13,0	
1562,4	—	13,1	
1000,6	—	17,2	
288,2	—	10,2	
529,5	—	21,7	
136,9	—	5,0	Station (Harzburg).
Total 8108,7 »			

Voilà les faits cités par M. Le Chatelier. Un point est à noter dans ce tableau, c'est le peu de distance qui sépare la station de la première rampe de 9 millimètres, 7 : on peut dire que la rampe touche presque la station, car la distance n'est que de 141 mètres. On admet généralement qu'une locomotive acquiert son maximum de vitesse sur une longueur de 1,000 à 1,200 mètres. A Wienenburg, la distance entre la station et la pente n'étant que de 141 mètres, la locomotive doit arriver au pied de la rampe de 9 millimètres sans avoir acquis toute sa force; néanmoins elle gravit avec facilité les rampes successives de 9, — 10, — 13, — 17 et 21 millimètres, 7. Après avoir franchi la forte rampe de 21 millimètres, la locomotive atteint la station à l'aide d'une rampe douce de 5 millimètres, tout à fait pareille à celle de Montredon; elle arrive à la station par cette rampe, dont M. Le Chatelier se préoccupe si peu qu'il n'en parle même pas. Comment donc une pente de 5 millimètres, considérée à Harzburg comme une inclinaison adoucie, destinée à reposer la locomotive après l'ascension des rampes de 17 à 21 millimètres, serait-elle une cause d'extrême fatigue à Montredon, où elle est placée dans des conditions meilleures? Comment une pente de 5 millimètres placée près de la station de Villedaigne serait-elle plus difficile qu'une pente de 9 millimètres près de la station de Wienenburg?...

En dédaignant les pentes de 5 millimètres, M. Le Chatelier se tient à la hauteur de la science; il justifie complétement la vérité des paroles prononcées par vous, monsieur le Ministre, devant les délégués de Narbonne :

« Une pente de 5 millimètres, ce n'est rien ! »

Ce n'est rien : vous avez dit le mot juste et sensé devant mes deux collègues et le général marquis d'Hautpoul. Dans cette circonstance, que je me plais à rappeler, vous avez tenu le langage simple et vrai du Ministre compétent; et vous avez réfuté d'avance le Mémoire de M. Carvallo.

L'auteur du Mémoire doit bien comprendre lui-même, j'imagine, ce qu'a de faible et de peu fondé son argumentation sur la pente de 5 millimètres; aussi juge-t-il à propos d'appeler à son aide deux auxiliaires un peu inattendus. Ces auxiliaires sont le vent et la pluie. Je ne conteste nullement l'action de l'air, l'influence de l'humidité des rails comme forces de résistance à la marche des convois; mais de là à conclure que ces deux forces sont des arguments acceptables pour faire repousser le tracé de Montredon il y a un abîme. J'ajoute que M. Carvallo lui-même ne peut pas soutenir une thèse pareille et croire au succès de ses arguments.

En ce qui concerne le vent, j'emprunte un exemple au tracé même de M. Carvallo. L'auteur du Mémoire m'accordera, je pense, que le tracé de Villedaigne à Narbonne est placé dans des conditions météorologiques pareilles à celles de la section de Fontcouverte à Villedaigne. Ces deux sections font suite l'une à l'autre; elles se dirigent l'une et l'autre dans le même sens; le vent y souffle avec une intensité égale; la condition hygrométrique des rails doit y être la même. S'il en est ainsi, et l'auteur du Mémoire ne pourra le contester; s'il en est ainsi, pourquoi M. Carvallo met-il, dans le tracé de Fontcouverte à Villedaigne, *trois pentes de 5 millimètres* (1)? Le tracé de M. Blondat se dirigeait de Fontcouverte à Villedaigne sur une seule pente continue de 3 millimètres. A cette disposition si simple M. Carvallo substitue des pentes de 3, de 5 millimètres; et ces dernières

(1) Extrait de la lettre de M. le ministre des travaux publics, écrite le 18 juillet 1853, et déjà citée à la page 14 :

« Le tracé proposé part de Fontcouverte..... etc.

« En profil longitudinal, ce tracé s'abaisse..... etc.

Il comporte :

1° Des parties ou déclivités inférieures à $0^{m}003$ sur une longueur de	$6{,}791^{m}65$
2° Des pentes de $0^{m}003$ sur une longueur de . .	$8{,}816^{m}85$
3° Idem $0^{m}005$, divisées en trois parties sur une longueur de	$4{,}126^{m}00$
Total. . . .	$19{,}734^{m}50$

sont au nombre de trois, sur une longueur de 4,126 mètres. En présence de ce fait, que devient l'argument du vent appliqué au tracé de Montredon? Il tombe de lui-même, sans valeur et sans force, devant les faits, comme toutes les assertions du Mémoire.

En ce qui concerne la pluie, le même exemple pourrait suffire. J'en veux citer un plus décisif. De toutes les contrées que j'ai citées, soit de la France, soit de l'Allemagne, il n'en est pas une où la pluie ne tombe plus abondante et plus intense qu'à Narbonne; il n'en est pas une par conséquent où l'humidité des rails ne soit plus grande. Néanmoins ce n'est ni dans le nord de la France ni en Allemagne que je veux chercher mon exemple : je le prends dans le pays le plus humide et le plus brumeux de la terre, dans le comté de Lancastre, sur le chemin de fer de Liverpool à Manchester. Sous ce ciel de brumes, de pluie et d'orages, il y a un point pluvieux et brumeux par excellence; il y a un point où l'état hygrométrique des rails causerait à l'auteur du Mémoire de bien vives et bien poignantes angoisses : ce point, c'est le *Rain-Hill*, dont le nom caractéristique signifie *Colline de la pluie!* Eh bien! sur le *Rain-Hill*, où passe le chemin de fer de Liverpool à Manchester; sur le *Rain-Hill*, où les rails sont plus humides qu'en aucun lieu de la terre, il y a une rampe de 11 millimètres sur une longueur de 2,400 mètres! A trois quarts d'heure du *Rain-Hill*, il y a une seconde rampe, aussi longue que la première; il y a la rampe de *Sutton*, dont l'inclinaison est encore de 11 millimètres. En présence de ces faits, que devient l'argument de la pluie appliqué au tracé de Montredon?

Ah! il y a un obstacle sérieux à la traction, un obstacle très-considérable, dont M. Carvallo ne parle pas : cet obstacle, c'est la neige! Voilà une cause considérable de retard. Au mois de décembre 1846, me trouvant, par un temps de neige, dans l'un des convois rapides qui font le service des malles-postes, je mis 5 heures pour parcourir la distance de Tours à Orléans, que l'on franchit communément en 3 heures. Le retard était énorme! Il était causé par la neige. Eh bien! toutes les contrées que j'ai citées sont couvertes de neige durant plusieurs mois de l'hiver. Malgré cet obstacle réel, persistant, les locomotives franchissent les fortes rampes de 11, de 15, de 20 millimètres! Et à Montredon, où la neige est à peu près inconnue, une rampe de 5 millimètres serait un grand obstacle? Un ingénieur en chef ne peut soutenir cela sérieusement.

L'existence de deux rampes de 11 millimètres, sur le chemin de fer de Liverpool à Manchester, est d'autant plus remarquable qu'il eût été extrêmement facile de les éviter. En dirigeant le chemin de fer vers Warington, sur les bords de la Mersey, on était constamment en plaine; on suivait jusqu'à Manchester les vallées de la Mersey et de l'Irwell; le détour à faire ne dépassait pas trois à quatre kilomètres. La question fut soulevée et discutée au moment où le chemin de fer allait être construit. Que résulta-t-il de cet examen? Des ingénieurs expérimentés, d'un talent hors ligne, les Wood, les Stephenson pensèrent que les pentes de 11 millimètres n'étaient pas un obstacle. Les rampes furent acceptées, le chemin de fer fut construit, et le *Rain-Hill* fut franchi à une vitesse de 7 à 8 lieues à l'heure. Des obstacles qui permettent des vitesses pareilles ne sont pas sérieux. Que penser après cela de la rampe de 5 millimètres du tracé de Montredon?

M. Carvallo fait précisément l'inverse de ce qui a été décidé pour le tracé de Liverpool à

Manchester. Les ingénieurs de ce dernier chemin ont préféré adopter deux rampes de 11 millimètres que de faire un détour de 3 ou 4 kilomètres; M. Carvallo fait un détour de 5 kilomètres pour éviter une faible rampe de 5 millimètres. Au lieu de rapprocher les localités par la voie de fer, il les éloigne toutes; il éloigne Narbonne de Carcassonne et de Béziers; il éloigne La Nouvelle du nord du département; il éloigne ce port des départements de la Haute-Garonne et de l'Ariège, qui, avec l'Aude et les Pyrénées-Orientales, fournissent ses principales exportations; il éloigne Perpignan de l'arsenal militaire de Toulouse et Port-Vendres de l'arsenal maritime de Toulon; enfin, il fait subir un détour de 6 à 8 kilomètres aux marchandises qui, parties d'Italie, d'Autriche ou de Suisse, ont à se rendre par terre en Espagne. Voilà, monsieur le Ministre, des conséquences bien plus graves qu'une pente de 5 millimètres à franchir.

Une autre conséquence non moins funeste en résulte. Si le projet de M. Carvallo était approuvé, Narbonne serait la seule place de guerre, en Europe, qui verrait une ligne principale de chemin de fer passer à 6 kilomètres de ses remparts. Parcourez la ligne du nord : en vous éloignant de Paris, vous verrez, jusqu'à une distance de 40 lieues environ, toutes les villes placées très-loin des stations ; mais, à mesure que vous approcherez de la frontière, à mesure que vous avancerez dans la zone de défense nationale, vous verrez le chemin de fer se rapprocher des villes et côtoyer leurs remparts : Arras, Douai, Lille, Calais sont dans ce cas. A Douai et à Lille notamment, le chemin de fer traverse deux ou trois enceintes fortifiées, pour aller au cœur même de la ville déposer les voyageurs. Il en est de même à Anvers. Si le chemin de fer ne peut entrer dans Narbonne, où le terrain manque pour une gare de premier ordre, il est du moins essentiel qu'il s'en rapproche le plus possible : il y a là, monsieur le Ministre, un intérêt général de défense que je ne voudrais pas exagérer, mais qui n'en a pas moins son importance et sa portée.

L'intérêt général ! L'auteur du Mémoire l'invoque aussi au profit de sa thèse ; et, pour donner à son assertion une apparence plausible, il appelle sur la ligne de Bordeaux à Cette le transit de l'Orient avec le nord de l'Europe. Avant l'ouverture du canal du Languedoc, quand les conséquences éventuelles de ce grand travail étaient encore inconnues, l'argument eût été de quelque poids. Depuis que cette voie de navigation intérieure, en permettant d'éviter le détroit de Gibraltar, a ouvert au commerce ses plus lointaines perspectives, et en a mis au grand jour les résultats, l'argument est sans portée. M. Carvallo le reconnaît lui-même implicitement quand il dit :

« Le canal du Midi et le canal latéral portent « *aujourd'hui* les marchandises avec infiniment « moins de temps et moins de frais que la navi- « gation par Gibraltar. » (Page 12.)

S'il en est ainsi, les navires qui passaient autrefois par Gibraltar et qui ont voulu prendre une autre direction l'ont déjà prise sans doute : ils n'ont pas eu besoin d'attendre le chemin de fer. La situation sera-t-elle bien changée après l'ouverture de la voie ferrée? Non. Quand le chemin de fer sera construit, l'action de cette voie nouvelle à l'égard du transit de l'Orient se bornera au partage, avec le canal du Midi, de ce que le transit naturel, ordinaire attribue intégralement aujourd'hui à la navigation intérieure. Cette action même, loin d'être libre, sera paralysée, annihilée peut-être par l'ouverture de la grande voie de fer qui, partant de Marseille, ira aboutir aux grands foyers commerciaux du nord de l'Europe.

Après l'ouverture du chemin de fer de Bordeaux à Cette, l'hypothèse de M. Carvallo se trouvera en face de ce dilemme :

Ou le commerce de l'Orient avec l'Europe septentrionale, ne reculant pas devant les frais multiples de débarquement, de transport par voie de fer et de rembarquement, prendra, sur une grande portion de son parcours, la voie de terre; ou il ne la prendra pas.

S'il ne la prend pas, que deviennent les calculs de M. Carvallo?

S'il la prend, s'il existe des marchandises qui puissent supporter de tels frais, le commerce choisira la voie la plus courte : pour aller de l'Orient en Belgique, en Hollande, en Angleterre, il prendra la voie parcourue aujourd'hui par la malle de l'Inde; il ira de Marseille à Calais, au Havre, à Anvers, à Amsterdam. Pour aller de l'Orient en Allemagne, en Danemark, en Suède, dans la Russie septentrionale et en Pologne, il prendra la voie qui, partant de Trieste, projette ses vastes rameaux sur Cologne, Hambourg, Stettin, Dantzick et Varsovie.

Dans les deux cas, l'hypothèse de M. Carvallo est sans base.

Vous l'avez compris, monsieur le Ministre, avec un sens admirable et un rare à-propos, lorsqu'un membre de la délégation narbonnaise, ayant eu l'honneur de citer devant vous cet argument de l'auteur du Mémoire, vous avez dit, en caractérisant sa faiblesse et son peu de portée :

« Le Gouvernement ne se décide pas par des « raisons pareilles ! »

Non ; le Gouvernement se décide dans l'intérêt général, et l'intérêt général est toujours avec ceux qui défendent la loi ; il n'est jamais avec ceux qui l'attaquent, comme l'auteur du Mémoire.

Le Gouvernement et la Compagnie sont liés par un contrat dont les conditions ne peuvent être éludées ; l'État a ses engagements, la Compagnie a les siens. L'État donne à la Compagnie une subvention de 35 millions pour le seul chemin de Bordeaux à Cette; il assure un intérêt de 4 pour cent, pendant cinquante ans, avec amortissement, au même taux et pour le même temps, d'une somme de 40 millions que la Compagnie est autorisée à emprunter. L'État assure en outre à la même Compagnie la jouissance du canal latéral à la Garonne pendant 99 ans!

Ces avantages immenses, exceptionnels, l'État les garantit; il en prodigue ouvertement les bienfaits : au budget même de cette année, des fonds sont inscrits pour pourvoir à tout, et le canal latéral à la Garonne est déjà exploité par la Compagnie. L'État tient donc ses engagements avec exactitude, avec loyauté. Que la Compagnie tienne les siens! Si elle s'y refuse, le premier devoir de l'État est de l'y forcer. La loi pour tous; la loi ferme, inflexible, inviolable pour tous, voilà l'intérêt général!

En répondant à la hâte au travail de M. Carvallo, je suis vraiment heureux de me voir secondé puissamment dans ma tâche par vous-même, monsieur le Ministre. Il n'est pas, en effet, un argument de l'auteur du Mémoire qui n'ait été victorieusement réfuté d'avance par votre parole loyale et convaincue.

M. Carvallo base son argumentation sur l'obstacle qu'oppose à la traction une pente de cinq millimètres par mètre, et vous dites :

« Cette pente n'est rien! »

M. Carvallo, à l'aide d'une hypothèse inadmissible, propose de détourner le commerce de l'Orient au profit particulier de son tracé. Vous dédaignez l'utopie, et vous dites :

« Le gouvernement ne se décide pas par des « raisons pareilles ! »

Enfin, M. Carvallo propose un tracé illégal. Vous le repoussez d'avance d'une manière formelle, car vous dites :

« Le gouvernement appliquera la loi. Il l'a « appliquée à Poitiers, il l'a appliquée à Reims, « il l'a appliquée à Agen : il l'appliquera à Nar- « bonne ! »

Par ce ferme et puissant langage, par ces paroles dignes du ministre sincère et juste d'un grand pays, vous justifiez la confiance de l'Empereur, qui a dit aux délégués de Narbonne :

« Voyez le ministre, vous pourrez vous as- « surer par vous-mêmes du zèle qu'il mettra à « défendre les intérêts de Narbonne. »

En présence de ces faits, sur la foi de ces paroles augustes, qui honorent le ministre, en le montrant toujours prêt à défendre les intérêts méconnus et les droits de tous, les organes de la ville de Narbonne n'ont plus qu'à attendre et à espérer. Le bon droit, défendu par vous, monsieur le Ministre, triomphera.

Agréez l'hommage de ma haute considération et de mon respect.

Hippolyte FAURE.

Paris, le 15 septembre 1853.

ANNEXE *A*,

SE RATTACHANT A LA P. 10 DU MÉMOIRE.

« A partir de Villedaigne et jusqu'à Béziers, plusieurs lignes ont été étudiées.

« L'une se dirige directement sur Béziers par le chemin le plus court, en évitant le contour qu'il faut faire pour passer à Narbonne.

« Un autre tracé, qui lui-même comprend plusieurs variantes, se détourne pour toucher à Narbonne et revenir ensuite sur Béziers.

« *L'importante ville de Narbonne ne pouvant être laissée à l'écart*, LE TRACÉ PROPOSÉ *est celui qui dessert cette ville en passant* PAR LE COL DE MONTREDON. »

(*Ministère des travaux publics. — Direction générale des ponts et chaussées et des mines. — Situation des travaux au* 31 *décembre* 1845. — Paris, mai 1846. — Pages 443 et 444.)

ANNEXE *B*.

Le Mémoire du Conseil municipal de Narbonne, arrivé pendant l'impression de notre brochure, a été distribué au ministère des travaux publics et au Conseil des ponts et chaussées. En appelant sur ce travail remarquable toute la sollicitude du Ministre et toute l'attention du Conseil, nous avons fait une œuvre consciencieuse, mais certainement superflue : le talent de l'écrivain, le titre de rapporteur dont il est investi et le suffrage éclairé d'un Conseil public, qui adopte le Mémoire comme l'expression éloquente de sa pensée, sont les meilleures et les plus sûres recommandations.

Après le rapport de M. Pessieto, le Mémoire publié par le Conseil municipal renferme la délibération suivante, que nous croyons devoir reproduire :

« Après la lecture de ce rapport, le Conseil munici-
« pal, par les motifs qui y sont exprimés et qu'il adopte

« en son entier, parce que sa connaissance des faits et « des localités lui donne la certitude qu'ils sont in- « constestables, délibère, à l'unanimité, qu'il persiste à « demander que le projet de tracé du chemin de fer qui « doit desservir la ville de Narbonne sur la ligne de « Bordeaux à Cette et sur l'embranchement de Perpi- « gnan soit celui qui passe par le col de Montredon, et « que tout autre projet, et notamment celui qui pas- « serait par la pointe de Moussan, soit rejeté, comme « contraire aux lois, aux intérêts généraux, à ceux de « la ville de Narbonne et du département de l'Aude, « ainsi qu'à l'intérêt national, et ne présentant d'ail- « leurs ni économie ni avantage, soit dans les dépenses « d'exécution, soit dans les frais d'exploitation.

« Le Conseil délibère en outre, toujours à l'unani- « mité, M. Pessieto s'étant abstenu sur ce vote, que la « présente délibération et le rapport qui le précède se- « ront imprimés, au nombre de deux cent cinquante « exemplaires, et distribués par les soins de M. le Maire, « qui est chargé spécialement d'en adresser des exem- » plaires à Son Excellence le ministre des Travaux « Publics, et à Messieurs les membres de la section du « Conseil des ponts et chaussées appelés à prononcer ; « à M. le général comte d'Hautpoul, et à Messieurs les « Députés du département au Corps Législatif; à Mon- « sieur le Préfet; à Messieurs les Sous-Préfets des « quatre arrondissements; à Messieurs les membres du « Conseil Général et du Conseil d'Arrondissement; et

« plus n'a été délibéré, et ont tous les membres présents « signé au registre des délibérations. »

(Chemin de fer de Bordeaux à Cette et embranchement de Narbonne à Perpignan. — Extrait du Registre des délibérations du Conseil municipal de la ville de Narbonne, département de l'Aude. — Narbonne, imprimerie de Caillard, 1853. — Page 37.)

Paris. — Typographie de Firmin Didot frères, rue Jacob, 56.

Paris. — Typographie de Firmin Didot frères, rue Jacob, 56.

www.ingramcontent.com/pod-product-compliance
Ingram Content Group UK Ltd.
Pitfield, Milton Keynes, MK11 3LW, UK
UKHW021519260726
13993UKWH00004B/1769